Amor Incrível

Um Mês de Devoções Diárias para Mulheres

ISBN: 979-8-9858200-4-1

Edição e Design de Livro por Ashley E. Dowell

Ilustrações de Emily Collins, Taylor Collins Schnitzler, Triston Collins e Sophia Dowell

www.dowellhousepublishing.com

Agradecimentos

Eu gostaria de reconhecer meu Senhor, Jesus Cristo, meu primeiro amor que eu absolutamente adoro. Ele me levou a escrever este livro
e continuamente me persegue e me guia com seu Incrível Amor.

Eu gostaria de agradecer ao meu marido, Matt, que além da minha salvação é o maior presente que já recebi. Nós crescemos tanto juntos através de todas as aventuras em que embarcamos. Ele é meu melhor amigo, o amor da minha vida e não consigo imaginar fazer nada disso sem ele.

Aos meus quatro filhos, Taylor, Emily, Triston, e Sarah Beth, meu genro Thomas, e minha nova neta, Elizabeth Rose, todos que foram maravilhosos e sempre trazem um sorriso ao meu rosto.

Eu também gostaria de agradecer a Kim Yates, que me ajudou a finalmente colocar todos esses pensamentos no papel.

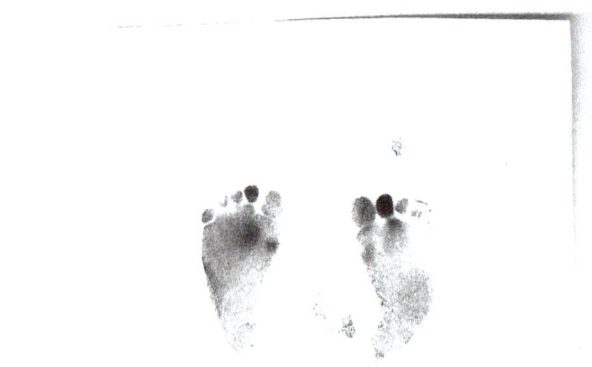

Sarah Beth Collins

Em homenagem a Sarah Beth,
Que está sempre em repouso nos braços amorosos
de seu Salvador.

(2016 ⌒ 2016)

Amor Incrível

Emily Collins

Dia 1

Você Nasceu De Novo?

"Jesus disse: "Eu afirmo ao senhor que isto é verdade: ninguém pode ver o Reino de Deus se não nascer de novo." João 3:3

Leitura mais profunda: João 3:1-21

Se alguém lhe pedisse para descrever um momento memorável, qual seria? A mente humana é incrível, e a memória humana é um assunto fascinante. Por que não podemos nos lembrar do que vestimos na semana passada ou jantamos há três noites, mas podemos nos lembrar de todos os detalhes de um evento que ocorreu há 10, 20 ou 30 anos atrás? Por exemplo, posso me lembrar claramente do cheiro das mãos da enfermeira cheirando a fumaça enquanto me inclinava para que elas me dessem uma peridural durante o nascimento da minha filha e muitos outros detalhes dessa experiência, mesmo que isso tenha acontecido há muitos anos atrás. Sem dúvidas, muitas mulheres poderão contar memórias distintas sobre o nascimento de seus filhos e isso é porque esse evento causou um enorme impacto sobre elas emocionalmente, física e mentalmente. Para mim, o memorável que está enraizado na minha memória foi o momento em que nasci de novo.

Meus pais viveram no Havaí uma década antes desse evento, enquanto meu pai estava no exército. Eles viveram lá por três anos e queriam nos levar (seus filhos) de volta para visitar. Então, quando eu tinha dez anos, meus pais nos levaram para a bela ilha do Havaí de férias. Vou me lembrar pra sempre da cor azul profunda daquela água e da maneira como ela brilhava enquanto a luz do sol era refletida em sua superfície. Naquele domingo, enquanto ainda estava na ilha, minha família frequentou a igreja da qual meus pais costumavam ser membros quando moravam lá há uma década. Durante o convite, no final do culto da igreja, senti um puxão esmagador no meu coração. Eu sabia que precisava andar pelo corredor para dar minha vida a Cristo.

O medo de caminhar até a frente daquela igreja na frente de todos aqueles estranhos era real e esmagador, mas o temor do Senhor era mais forte. Tentei chegar até a minha mãe para que ela pudesse andar comigo, mas meu irmão, que estava sentado ao meu lado, enfiou a perna para cima para que eu não pudesse falar com minha mãe. Não há dúvida agora que Satanás estava colocando obstáculos no meu caminho para me manter longe desse altar, mas a atração do meu Salvador foi forte. Como eu não conseguia chegar até minha mãe, em vez disso peguei a mão do meu pai que estava sentado ao meu lado, e ele andou pelo corredor comigo. Quando cheguei a frente, eu falei com o pastor e entreguei meu ser, minha alma e minha vida a Cristo. Lembro-me de me sentir tão limpa e mal podia esperar para contar a todos quando voltasse para casa no Tennessee.

Hoje quando eu falo com outras pessoas, muitas vezes me deparo com aqueles que não podem me dizer o momento em que nasceram de novo. Eu ouço coisas como, " Eu fiz uma oração quando eu era pequeno," ou "Eu tenho ido a igreja a minha vida toda", ou "Eu sempre acreditei em Deus." Mas a memória de sua salva não é clara, não é distinta, não é transformadora. Meu marido sempre faz um bom trabalho ao explicar isso assim. "Você se lembra do momento em que se casou, certo? Você nunca vai esquecer aquele dia, foi especial para você." Eventos significativos nos deixam com memórias significativas. Nossa salvação é o evento MAIS significativo da vida de alguém. Foi um momento em que você entrou em um relacionamento de aliança com Cristo e eu prometo que se você realmente nasceu de novo, você se lembrará desse momento sem sombra de dúvida.

Reflexão

Se você nasceu de novo, tire um tempo hoje para refletir sobre aquele dia, aquele momento em que sua vida mudou para sempre. Reflita nessas memórias e compartilhe essa história com outra pessoa. Agradeça a Deus por sua salvação e pelo sacrifício que Ele fez por você. Se você não consegue se lembrar do momento em que nasceu de novo, então precisa se perguntar se você realmente recebeu a salvação. Lembre-se, Deus enviou o seu Único Filho para morrer na cruz por nossos pecados e três dias depois, ele se levantou do túmulo para vencer a morte. A salvação só pode vir através Dele. Ele quer que todos tenham esse presente da salvação e não deseja que ninguém pereça, mas devemos aceitar de bom grado o Seu presente.

Eu oro para que, se você está lutando para saber se você realmente nasceu de novo, Deus convença seu coração e o leve a se ajoelhar diante dele, confesse seus pecados e acredite Nele. Conheço missionários, esposas de pastores e estudantes da Faculdade Bíblica que perceberam que não nasceram de novo. Por favor, não deixe o orgulho ficar no seu caminho. Amanhã não é dado.

"Quero conhecer Cristo, o poder da sua ressurreição e a participação em seus sofrimentos, tornando-me como ele em sua morte."

Filipenses 3:10

Emily Collins

Dia 2

Meu Amigo Perdido

"Porém, quando o Espírito Santo descer sobre vocês, vocês receberão poder e serão minhas testemunhas em Jerusalém, em toda a Judéia e Samaria e até nos lugares mais distantes da terra." Atos 1:8

Leitura mais profunda: Atos 16:6-10

O que te enche de compaixão? Quando você vê órfãos ou crianças necessitadas, geralmente nos enche de um fardo esmagador de querer fazer algo para ajudá-los, certo? É o mesmo para mim quando penso em pessoas que nunca tiveram a chance de ouvir as boas novas de Jesus Cristo. Isso me enche de compaixão, e eu quero fazer o que for preciso para levar o evangelho a eles. Paulo também estava cheio de compaixão para levar o evangelho a lugares onde nunca havia estado. No livro de Atos Paulo tinha uma visão de um homem da Macedônia. Paulo estava tentando ir ao outro lugar, mas o Espírito Santo o redirecionou através de uma visão para ir e compartilhar as boas novas de Jesus Cristo com alguém que nunca tinha ouvido antes.

Eu estava sentada na minha sala de estar em uma tarde de outono na casa pastoral onde morávamos. Meu marido era pastor de uma igreja na zona rural no sudoeste da Virgínia. Tudo estava quieto naquela tarde: meu bebê e minha criança estavam tirando um cochilo e minha filha de nove anos estava em seu quarto brincando em silêncio. Eu estava sentindo há meses Deus tocando em nossos corações para fazer algo internacionalmente. Eu estava orando sem parar e pedindo direção a Deus e apenas esperando Nele. Esperar em Deus nem sempre é fácil porque queremos que Ele nos responda imediatamente.

Naquela tarde, enquanto me sentava na minha sala de estar orando e clamando a Deus sobre isso, tive uma visão de uma mulher vestida com roupas africanas, mas seu rosto estava um borrão. Eu imediatamente fiquei quebrada por essa mulher porque sabia que ela precisava ouvir as boas novas de Jesus Cristo. Lembro-me de dizer a Deus, o que quer que eu tivesse sacrificar e o que quer que eu tivesse que fazer, ele poderia, por favor, me levar a essa mulher. Eu sei que alguns de vocês estão pensando, ela viu uma visão? Acredite em mim, eu também tinha minhas dúvidas sobre isso. Naquele mesmo dia, escrevi no meu diário o que havia acontecido e também orei para que Deus colocasse alguém no caminho do meu marido (enquanto ele estava na Faculdade Bíblica tendo aulas) que nos apontariam na direção certa de onde Deus estava nos levando a ir internacionalmente. Eu não tinha dito nada ao meu marido sobre essa visão. Quando fui buscá-lo nas aulas no dia seguinte, ele começou a me contar sobre uma oportunidade na África Ocidental que foi colocada em seu caminho ontem para irmos servir por um semestre. Eu disse "Bem, deixe-me contar o que aconteceu comigo." Eu ainda estava tentando processar tudo. Tudo o que eu sabia era que estava quebrada para que essa mulher ouvisse o evangelho e eu ia fazer o que fosse preciso para chegar até ela. Eu sabia que era de Deus por causa do quebrantamento dela precisar ouvir o evangelho.

Reflexão

Você está quebrantado pelo perdido? Você está quebrantado por aqueles que nunca tiveram a chance de ouvir antes? Se sim, peça a Deus para abrir um caminho e colocá-lo onde você precisa estar, quando você precisa estar lá. Se não, peça a Deus que sobrecarregue seu coração por alguém que precise ouvir o evangelho e que Ele coloque essa pessoa em seu caminho ou o envie para ela.

Dia 3

Isso Não É Um Ídolo!

"Porém tenho uma coisa contra vocês: é que agora vocês não me amam como me amavam no princípio." Apocalipse 2:4

Leitura mais profunda: Apocalipse 2:1-7

Quando pensamos em ídolos, especialmente quando estamos lendo o Antigo Testamento, geralmente pensamos em um bezerro dourado ou em uma estátua, certo? Bem, embora essas coisas certamente possam ser ídolos, os ídolos também podem vir de muitas formas diferentes. Pode ser esportes, dinheiro, filhos, cônjuges, tempo, empregos, eu, e qualquer outra coisa que possa nos impedir de aprofundar nosso relacionamento com Cristo. Um ídolo pode ser QUALQUER COISA que colocamos acima do nosso amor a Deus.

Muitos anos atrás, eu estava lendo o livro de Jeremias e pensei: "Por que esses israelitas não conseguem? Por que eles continuam tendo ídolos e não fazendo de Deus seu primeiro amor?" E como Ele costuma fazer, o Espírito Santo deixou claro para mim que eu também tinha um ídolo, e não era um bezerro de ouro ou algum tipo de estátua, mas sim meu marido. Como marido pode ser um ídolo, você pergunta? Eu estava dedicando tempo ao meu marido diariamente para passar tempo com ele e servi-lo. Eu não estava fazendo isso com Deus. Eu só passava algumas horas por semana com ele. Em vez de colocar Deus em primeiro lugar, Ele estava simplesmente recebendo as sobras e meu marido estava no centro da minha vida. Deus é um Deus ciumento, e ele queria aquele lugar na minha vida que eu estava reservando apenas para o meu marido. Cristo nos ama com um amor ágape, um amor que é incondicional, forma sacrificial mais alta do amor. Eu pensei: "Eu não posso te amar assim, Deus." Em Jeremias 3:14, Deus se refere a si mesmo como o marido de Israel e Ele queria ter esse lugar na minha vida também. Ele queria, e ainda faz, ser meu primeiro amor. Eu tive que me arrepender na minha sala de estar quando o Espírito Santo me convenceu, e pedi a ele que me perdoasse pelo ídolo que eu estava colocando diante dele.

Muitas vezes, eu olhava para o meu marido para preencher uma necessidade de me sentir bonita. Ele sempre me fez sentir como uma mulher linda, mas se ele não me notasse um dia quando eu precisava ser notada, isso simplesmente me esmagaria. Quando Cristo se tornou meu primeiro amor e eu removi o ídolo (meu marido), eu fiquei na frente do espelho no meu quarto pela primeira vez e me senti bonita porque meu Deus, meu amor, me formou no útero. Ele me projetou, me deseja e anseia estar comigo. Ele é o maior amor que eu já conheci. Ele é o meu primeiro amor.

Reflexão

Tire um tempo para pensar na sua própria vida. Que ídolos você tem na sua vida? Peça ao Espírito Santo para procurá-lo e trazer à mente quaisquer ídolos que o esteja impedindo de ser seu primeiro amor. Apenas se arrependa e experimente Deus sendo o seu primeiro amor.

"Portanto, amem o Senhor, nosso Deus, com todo o coração, com toda a alma e com todas as forças. Guardem sempre no coração as leis que eu lhes estou dando hoje."

Deuteronômio 6:5-6

Dia 4

Um Encontro Com Deus

Mas você, quando orar, vá para o seu quarto, feche a porta e ore ao seu Pai, que não pode ser visto. E o seu Pai, que vê o que você faz em segredo, lhe dará a recompensa. Mateus 6:6
Leitura mais profunda: Mateus 6:5-15

Você tem um bom relacionamento com alguém com quem nunca conversa ou passa tempo? Eu posso responder a essa pergunta para você: Não. É difícil ter um relacionamento íntimo e próximo com alguém com quem você nunca se comunica. Também é difícil ter um bom relacionamento com o Senhor se você nunca falar com Ele.

Eu aprecio caminhadas com o meu marido. É um momento em que podemos ter conversas ininterruptas e tempo sozinhos apenas só nós. Isso me ajuda a me sentir muito conectada a ele nessa agitação da vida. Temos que ter certeza que estamos sendo intencionais em passar esse tempo juntos ou algo sempre tentará roubar esse tempo de nós. É o mesmo com o nosso relacionamento com Deus. Ele quer passar um tempo a sós com você. Ele deseja falar, ouvir e apenas estar com você. Minha hora favorita do dia é logo após o almoço. Quando meus filhos eram pequenos, era hora do cochilo. Eu deitaria meus filhos na cama deles e isso me daria a oportunidade de passar algum tempo com Deus.

Agora meus filhos são mais velhos, eles não tiram mais cochilos, mas ainda continuamos a tradição, pois todos nós temos nosso tempo de silêncio após o almoço. Eles sabem que é o tempo da mãe com o Senhor, e não devem interromper. Eu encontro meu lugar favorito (que fica na varanda dos fundos) e só tenho tempo com Ele. Eu faço um diário, que se tornou meu diário de oração, onde derramo meu coração, e escrevo as escrituras que o Senhor falou comigo naquele dia. Eu leio em Sua Palavra, ouço música de adoração e, às vezes, me sinto muito quieta na Sua presença. Honestamente, é a minha hora favorita do dia. Eu guardo como se tivesse um encontro com meu marido. Seu amor por mim me cativa e eu aprecio este momento de intimidade com o Senhor.

Reflexão

Você quer crescer em seu relacionamento e intimidade com o Senhor?

Se você atualmente não tem tempo a sós com o Senhor, reserve um tempo para fazer isso. Parece diferente para todos. O meu é no meio do dia, quando estou totalmente acordada e a casa está quieta. Meu marido teve alguns de seus maiores momentos íntimos com o Senhor enquanto dirigia pela interestadual. Apenas encontro tempo para se sacrificar a Ele.

Você já tem um tempo com o Senhor? Quero encorajá-lo a guardá-lo e pensar nisso como uma reunião ou data importante, para que algo ou alguém não roube isso de você. Você pode fazer coisas diferentes para mantê-lo fresco. Alguns dias você pode querer adicionar música de adoração ou dar um passeio em Sua criação. Nós gostamos de fazer coisas diferentes com seu tempo sozinho com o Senhor. Certifique-se de que não se torne algo para verificar sua lista de verificação, mas é algo que você espera a cada dia.

Dia 5

Eu Não Quero Servir Dessa Forma!

"Porque até o Filho do Homem não veio para ser servido, mas para servir e dar a sua vida para salvar muita gente." Mateus 20:28

Leitura mais profunda: Mateus 20:20-28

Quando você pensa em servir, o que vem à sua mente? Para mim, penso na minha Mama Dot, (avó), que estava sempre servindo aqueles que estavam ao seu redor sem nenhuma recompensa. Ela estava constantemente se entregando para servir os outros. Parecia ser tão fácil para ela. Para mim, às vezes me sinto como uma criança de dois anos que está tendo um ataque no chão do Walmart (supermercado) quando Deus me pede para servir em algum lugar que eu não quero.

Um exemplo vívido disso que aconteceu na minha vida foi quando me pediram para servir na turma de 2 anos na igreja. Para algumas pessoas, isso não seria problema, mas para mim foi. Eu sou uma mãe que fica em casa e mãe que estuda em casa, e fiquei com meus filhos o dia todo, todos os dias. Eu desejava estar perto de adultos e poder ministrar àqueles com quem eu poderia conversar e me relacionar. Eu estava orando para que Deus me mostrasse onde servir dentro da igreja, e o último lugar que eu queria estar era com as crianças de dois anos no berçário. Essa não era minha visão de servir o que "eu" queria fazer. Então, um domingo, durante a pregação do meu marido, que estava servindo ao corpo de Cristo, o Espírito Santo confirmou em meu coração, é exatamente onde Ele queria que eu servisse. Ele me lembrou que estou aqui para servir e não para ser servido. Lembro-me de perguntar a Deus: "Por que você pediria para fazer isso, quando você sabe que eu preciso de uma pausa das crianças?" O Espírito Santo me lembrou que Jesus deixou Seu trono no Céu para vir à terra para servir e não ser servido. Meu serviço não era o que eu precisava, era o que Deus precisava que eu fizesse e fosse. Quando nós servimos, precisamos entender que não devemos esperar nada em troca e que precisamos tirar o foco de nós. Foi um pequeno passo de rendição e obediência de menos de mim e mais Dele. Essa é a minha recompensa, que ao me render à Sua

11

vontade, eu estava me tornando mais parecido com Ele.

Reflexão

Você está atualmente servindo em sua igreja ou em um ministério específico? Se não, você pediu a Deus para lhe mostrar onde Ele quer que você sirva os outros? Você precisa se render menos de você para poder ter mais dele?

Se você está servindo, peça a Deus que lhe revele como seu serviço pode refletir mais Ele: Deus está chamando você para servir de uma maneira diferente? Sua atitude em relação ao ministério precisa mudar para refletir melhor o tipo de serviço que Deus espera de nós? Você simplesmente precisa orar para que Deus abra as portas e permita que você alcance mais em seu ministério?

I Have Helping Hands.

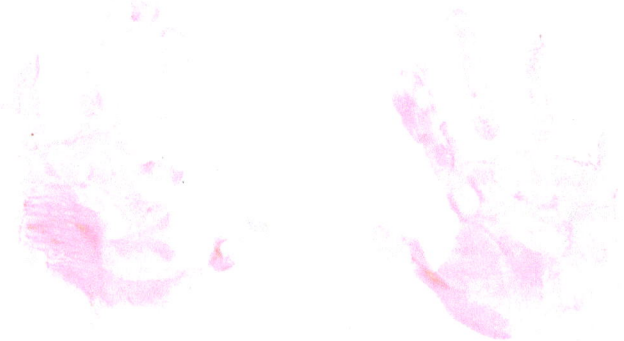

Love and Service go hand in hand.
Thank you God For Making My Hands.

Emily Collins

Dia 6

Como Deus Vai Fazer Isso?

Josué disse ao povo: "Purifiquem-se porque amanhã o Senhor fará grandes coisas entre vocês." Josué 3:5
Leitura mais profunda: Josué 3

No cristianismo moderno, o conceito de fé é frequentemente falado e referenciado, mas raramente compreendido. O que significa ter "fé" e como essa ideia se relaciona com a nossa caminhada cristã? Deus nos diz que é impossível agradar a Ele sem fé e, de acordo com o Dicionário Oxford, a fé é definida como confiança completa ou confiança em alguém ou algo.

Um grande passo de fé para minha família é quando meu marido e eu fomos em nossa primeira viagem de visão à África Ocidental e Deus nos confirmou que Ele queria que a gente voltasse. Ele queria que voltássemos como uma família por um semestre para uma aldeia específica para que pudéssemos compartilhar o evangelho. Eu levaria meus filhos para um lugar desconhecido e eles seriam despojados de tudo o que sabiam. Meus filhos na época tinham dez, três e um ano. Também tivemos que arrecadar vinte mil dólares em seis meses. Essa quantia de dinheiro parecia vinte milhões para nós. Meu marido era um estudante bíblico em tempo integral com salário mínimo trabalhando no campus da Faculdade Bíblica e eu fiquei em casa e não tinha renda. Nós literalmente vivíamos de cento e vinte dólares por semana para nossa família de cinco pessoas, então certamente não tínhamos nosso próprio dinheiro para usar. Nesses seis meses, porém, vimos o que só Deus poderia fazer. Nós compartilhamos como sentimos Deus nos levando a ir e observamos com espanto como Deus providenciou. Tínhamos igrejas de todo o sudeste dos Estados Unidos que aceitavam ofertas de amor ou nos levavam para apoio mensal. Nesses seis meses, Deus providenciou todo o dinheiro que precisávamos para ir à África por um semestre. Foi necessário total fé para que confiássemos e fizéssemos planos para ir África por um semestre e não ter ideia de onde o dinheiro viria.

Reflexão

Existe um grande obstáculo no seu caminho? Assim como os israelitas confiaram em Deus ao atravessar o Jordão, precisamos confiar Nele para que qualquer obstáculo que possa estar no nosso caminho. Lembre-se de que é impossível agradar a Deus sem fé.

"Será que para o Senhor há alguma coisa impossível?"

Gênesis 18:14

Dia 7

Quando A Vida É Um Borrão

"Ele diz: "Parem de lutar e fiquem sabendo que eu sou Deus…" Salmos 46:10

Leitura mais profunda: Salmos 46

Existe notícias que você ouviu que vêm inesperadamente? Quando ouvimos essa notícia inesperada, ela simplesmente nos choca profundamente. Foi exatamente isso que aconteceu em uma tarde de domingo no meio do verão de 2012.

Eu tinha acabado de deitar meu bebê para um cochilo no berço portátil na antiga fazenda em que estávamos hospedados nas tardes de domingo entre os cultos da manhã e da tarde na igreja. Recebi um telefonema logo depois de deitar minha filha e foi minha mãe me dizendo que é melhor irmos para o Tennessee rapidamente porque ela não tinha certeza se meu pai conseguiria. "O que?" Eu tinha acabado de falar com ele naquela manhã e ele me disse que me amava. Agora que penso sobre isso, papai nunca ligou nas manhãs de domingo porque ele sabia que a manhã era ocupada para nós no ministério. Nós pegamos as crianças no que parecia ser uma velocidade recorde, entrei no carro e fomos para o Tennessee. No caminho, eu estava orando para Deus me deixasse ter a chance de me despedir do meu pai uma última vez.

Então veio outro telefonema da minha mãe. Meu marido parou na beira da estrada enquanto ainda estávamos na Virgínia. Eu ouvi as palavras que nenhum jovem de 32 anos quer ouvir. Ela disse: "Julie, ele se foi." Lembro-me que a única coisa que eu podia fazer era chorar e, pelo resto da viagem e por muitas semanas depois, só senti dormência. Essa foi a viagem de carro mais longa da minha vida.

No caminho de volta para Tennessee, olhei para o céu e havia um lindo arco-íris que parecia ser exatamente para mim. Senti a paz e o conforto de Deus através de Sua criação. Durante esse tempo tivemos muitas incógnitas. Precisamos voltar para o Tennessee para ajudar minha mãe? Ainda devemos nos mudar para a África como fomos chamados para fazer? Enquanto todas essas coisas cativaram meus pensamentos, o Espírito Santo me lembrou deste versículo: "Fique quieto e saiba que eu sou Deus."

Reflexão

Você já sentiu que a vida é demais e pode até fazer com que você fique dormente às vezes? Você já se perguntou o que Deus está fazendo? Eu quero falar este mesmo verso sobre você hoje que Ele falou sobre mim quando eu estava cheia de medo e tentando descobrir as coisas por mim mesmo, "Fique quieto e saiba que eu sou Deus." Este salmo foi escrito em um tempo de guerra e "Aquietai-vos" significa "parar de lutar", "parar de temer" e reconhecer quem é o seu Deus.

Taylor Collins Schnitzler

Dia 8

Não Se Preocupe

"Portanto, ponham em primeiro lugar na sua vida o Reino de Deus e aquilo que Deus quer, e ele lhes dará todas essas coisas. Por isso, não fiquem preocupados com o dia de amanhã pois o dia de amanhã trará as suas próprias preocupações. Para cada dia bastam as suas próprias dificuldades." Mateus 6:33-34

Leitura mais profunda: Mateus 6:25-34

Preocupar-se pode causar muita dor a uma pessoa. De acordo com o Dicionário Oxford, a preocupação é definida da seguinte maneira: dar lugar à ansiedade ou desconforto; permitir que a mente se desbulhe sobre sobre dificuldades ou problemas. Quando eu escolho me preocupar com as coisas, isso literalmente me deixa fisicamente doente. Por que é tão difícil para nós confiar em Deus e não nos preocuparmos com as coisas?

Um dos momentos mais preocupantes da minha vida foi quando estávamos arrecadando fundos para ir morar na África por um semestre. Tínhamos uma igreja que estava a algumas horas de distância que queria que contássemos sobre nossa visão. Nós literalmente tínhamos dinheiro suficiente para colocar gasolina em nosso carro para chegar lá até a igreja em que deveríamos falar e foi isso. Não tínhamos dinheiro para comida para sair pra comer (que era o que eles queriam fazer naquela noite) e absolutamente nenhum dinheiro para gasolina para chegar em casa. Saímos com fé e confiamos em Deus. Quando chegamos à cidade naquela noite, o pastor disse que queriam nos levar para comer e pagar por isso. Que benção! Eu não vou mentir, eu estava um pouco preocupada com poderíamos conseguir gasolina para o caminho de casa ou até mesmo conseguir comida para a nossa família de cinco pessoas para o dia seguinte.

Nós nos apresentamos na igreja naquele dia e a igreja se sentiu levada a apoiar nossa missão na África. Eles iam aceitar uma oferta de amor pelos próximos quatros meses. Estávamos tão animados, mas no fundo da minha mente, eu ainda estava me perguntando como estávamos chegando em casa e como íamos comer. Logo após o culto, o pastor disse: "Quero levar seu carro ao posto de gasolina e enchê-lo antes de você sair." Então, uma senhora se aproximou de mim e me contou sobre um lindo arco-íris que estava brilhando pela janela quando eu estava compartilhando. Ela também me entregou trinta dólares. Agora nós tínhamos dinheiro para comprar comida no caminho de casa.

Como humanos caídos, gostamos de pensar que estamos no controle e quando as coisas parecem fora de nossas mãos, tendemos a nos preocupar e nos estressar em vez de nos apoiar e confiar nas promessas que Deus fez pra nós. Fé e preocupação são contrárias um ao outro, eles são diametralmente opostos. Deus deixa claro que Ele cuidará de todas as nossas necessidades quando estivermos buscando Seu reino primeiro. Essa é a promessa em que devemos nos apoiar e deixar de lado o resto.

Reflexão

Por que nos preocupamos com coisas com as quais Deus nos diz para não nos preocuparmos? Você tem algo com o qual está preocupado ou aflito hoje? Leve para Deus e veja Ele cuidar de você de maneiras que você nunca poderia ter sonhado por conta própria. Apenas lembre-se, busque primeiro o Seu reino e Sua justiça e todas essas coisas serão adicionadas a você.

"Confie no Senhor de todo o coração e não se apoie na sua própria inteligência. Lembre de Deus em tudo o que fizer, e ele lhe mostrará o caminho certo."

Provérbios 3:5-6

Dia 9

Por Favor Coloque Alguém No Meu Caminho!

"Mas como é que as pessoas irão pedir, se não crerem nele? E como poderão crer, se não ouvirem a mensagem? E como poderão ouvir, se a mensagem não for anunciada? E como é que a mensagem será anunciada, se não forem enviados mensageiros? Romanos 10:14-15

Leitura mais profunda: Romanos 10

Você já pediu a Deus para colocar alguém em seu caminho para que você pudesse ter a chance de compartilhar com eles as boas novas de Jesus Cristo? Às vezes, é tão difícil para as pessoas sair de suas zonas de conforto e compartilhar o evangelho com os outros. Sempre temos medo do que os outros possam pensar e que possamos ofender alguém. Eu também tenho esses mesmos pensamentos, mas lembrei-me das palavras de Jesus para nós em Atos 1:8; "Mas você receberá poder quando o Espírito Santo vier sobre você, e você será minha testemunha em Jerusalém, e em toda a Judéia e Samaria, e até os confins da terra". Adoro compartilhar o evangelho com os outros e orei por cinco meses para que Deus colocasse alguém em meu caminho que precisava ouvir. Comecei a orar em agosto de 2012 e o Senhor colocou alguém no meu caminho no final de dezembro de 2012.

Eu estava na fila do Walmart (supermercado) com minha filha de um ano, Emily. Isso foi antes de você poder passar suas próprias compras (auto-check out) Havia uma senhora atrás de mim com um bebê da mesma idade. Começamos a conversar enquanto compartilhamos coisas em comum com nossos filhos com a mesma idade. Nós nos despedimos, prazer em conhecê-lo e seguimos nossos caminhos diferentes. Algumas semanas depois, eu estava mais uma vez na fila do supermercado com minha filha de um ano. Exatamente a mesma garota com o seu filho de algumas semanas atrás estava na fila atrás de mim novamente. Tipo, como isso acontece? Nós duas começamos a conversar novamente, e nós dois ficamos um pouco confusos com a forma como acabamos na mesma linha juntas novamente. Quando saí do supermercado, fui tão convencida pelo Espírito Santo porque não compartilhei nada com ela sobre o Senhor. Também fui lembrada de que estava orando para que Deus colocasse alguém no meu caminho. Fiquei desanimada porque tinha perdido uma oportunidade de compartilhar o evangelho. Então, em uma manhã de domingo, uma senhora que geralmente mantinha o berçário perguntou se eu a substituiria naquele dia. Enquanto eu estava dando as boas vindas aos bebês no berçário, havia um novo rosto com seu filho. Mas realmente não era um rosto novo para mim porque a mesma garota que Deus colocou no meu caminho na fila do supermercado duas vezes diferentes no mês passado. Como você pode imaginar, nós duas ficamos surpresas. Desta vez, perguntei a ela se gostaria de almoçar algum dia. Ela aceitou e fomos a um restaurante local alguns dias depois. Enquanto nos sentávamos em uma conversa, compartilhei com ela as boas notícias de Jesus Cristo. O verso que cativou seu coração foi João 3:16. Ela pensou no amor que tinha por seu próprio filho e queria experimentar um amor tão grande que Deus enviaria Seu único filho para que pudéssemos ter um caminho para o céu. Ela pediu a Jesus para entrar em sua vida naquele dia e ela era uma nova criação.

É tão importante que oremos e peçamos a Deus para que as pessoas compartilhem e também para que saiamos da nossa zona de conforto e sejamos obedientes ao comando que Jesus nos deu. Esta poderia ter sido uma oportunidade perdida se eu escolhesse pensar apenas em mim mesmo.

Reflexão

Você já teve momentos em que Deus colocou pessoas em seu caminho que precisam ouvir as boas novas de Jesus? Se não, peça a Ele para colocar essas pessoas no seu caminho ou para enviá-lo para essas pessoas. Eu prometo a você, Ele responderá a essa oração. Ele não quer que ninguém pereça, mas que todos tenham a vida eterna.

Dia 10

Isolado

"Saia daqui, vá para o leste e esconda-se perto do riacho de Querite, a leste do rio Jordão." 1 Reis 17:3

Leitura mais profunda: 1 Reis 17-19

Em 1 Reis 17:3, Deus está dizendo a Elias para ir a Querite para uma temporada de separação para sua jornada espiritual que Deus estava preparando para ele. Todos nós precisamos ter essas estações de preparação para nossa jornada espiritual. Na maioria das vezes, pensamos na palavra isolamento como tendo uma conotação negativa. Pensamos nisso junto com palavras como solitário, sozinho, frustração. E embora o isolamento às vezes possa ser assim, é exatamente o que Deus pode precisar que passemos para que Ele possa nos preparar para nossa jornada com Ele.

Havia uma igreja no sudoeste da Virgínia que chamou meu marido para ser pastor cerca de 4 anos depois de termos sido chamados para o ministério. Este seria o segundo pastorado do meu marido. Para o meu marido assumir o cargo, isso significava que precisávamos nos mudar do campus da Faculdade Bíblica onde estávamos morando na época. A igreja tinha uma casa pastoral em sua propriedade, e era literalmente no meio do nada. O supermercado mais próximo estava a 30 minutos de distância. Não podíamos pagar internet, cabo e definitivamente nenhum telefone celular, exceto um telefone celular pré-pago para emergências. Conhecíamos apenas as pessoas em nossa igreja. Foi um lugar muito isolado para nós.

Durante esse tempo de ser despojado de todas as distrações modernas, me apaixonei pelo Senhor. Ele realmente se tornou meu primeiro amor. Eu não tinha Facebook para me distrair e nenhuma televisão para assistir, então gastei meu tempo extra que estaria fazendo essas coisas e as gastei com o Senhor e em sua palavra. Foi um momento de reavivamento pessoal para mim. Mesmo que tenha sido um dos anos mais difíceis no ministério para nós, olho para trás como um dos momentos mais doces que já tive com o Senhor. Assim como os casais sabem que é importante que eles saiam juntos para que possam ter tempo apenas com os dois, porque sabem que isso ajudará seu relacionamento, é o mesmo com o nosso relacionamento com Deus. Às vezes, Deus precisa nos levar a um lugar de isolamento para que possamos crescer em nosso relacionamento juntos.

Reflexão

Você está em um lugar de isolamento agora? Durante esse tempo, você pode ter muitas perguntas. Use esse tempo para crescer em seu relacionamento com o Senhor em vez de se concentrar nas coisas negativas que talvez o incomodem sobre o local de isolamento. Talvez, você precise ir a um lugar de isolamento por um tempo para poder passar um tempo apenas com você e o Senhor. Talvez você precise tirar as coisas da sua vida para poder trabalhar no seu relacionamento com o Senhor. Todos os relacionamentos precisam de tempo juntos e tempo onde eles podem se concentrar um no outro.

Emily Collins

Dia 11

Me Leve Para A Aldeia!

"...que o Senhor, o seu Deus, dá a vocês, terra onde há leite e mel com fartura, como o Senhor, o Deus dos seus antepassados, prometeu a vocês."
Deuteronômio 27:3

Leitura mais profunda: Deuteronômio 27-28

Muitas vezes, quando Deus nos chama para o ministério ou nos chama para fazer algo, esperamos que seja automaticamente uma "terra que flui de leite e mel". Nós esperamos que Ele tenha os problemas resolvidos e que tudo seja simples e fácil. No entanto, o ministério não é fácil. É confuso e difícil e muitas vezes temos que lutar para chegar ao lugar que Deus pretende que estejamos.

Antes de chegarmos à África para o nosso semestre lá, eu estava animada. Eu só sabia que Deus ia usar a mim e à minha família em grande estilo, e eu tinha visões de como isso ia funcionar. No entanto, depois de um mês, eu estava pronta para ir pra casa. Nossa família de cinco pessoas estava hospedada com um único missionário do sexo masculino, e você poderia imaginar como isso estava indo. Ele também ainda estava aprendendo o idioma e não estava em um lugar onde pudesse compartilhar o evangelho na linguagem do coração do grupo de pessoas com quem estávamos trabalhando. Lembro-me de pensar: Por que estamos aqui, este não é um lugar onde eu só quero estar de férias. Não era assim que eu imaginava que nosso ministério fosse. Nosso objetivo era compartilhar o evangelho e parecia que havia tantos obstáculos na maneira de impedir que isso acontecesse.

Durante esse período de luta, nossa família sabia que deveríamos estar envolvidos nessa vila em particular na praia. Encontramos uma casa para alugar naquela vila na costa da África Ocidental. Esta poderia ser a nossa terra fluindo com leite e mel? Do lado de fora, certamente não parecia assim. Primeiro, a casa não tinha água corrente, nem eletricidade e nem móveis. Teríamos que caminhar 3 milhas de ida até o mercado para conseguir comida. Também não teríamos carro ou telefone de recepção na aldeia. Finalmente, o maior problema foi que não tínhamos "porta-voz" para nos ajudar a compartilhar o evangelho. Por fora, isso parecia pior do que a nossa situação atual. Isso era realmente a promessa de Deus? Mas enquanto estávamos orando sobre essa decisão, Deus nos deu um sinal de que esta terra seria frutífera para nós se apenas confiássemos Nele. Deus providenciou esse porta-voz milagrosamente. Ele colocou aquele homem (porta-voz), no caminho do meu marido enquanto ele estava no mercado fazendo roupas. Meu marido foi capaz de levá-lo ao Senhor e ele se mudou para a aldeia conosco para que meu marido o discipulasse e ele se tornou nosso porta-voz. Com esse enorme obstáculo fora do caminho, sabíamos que nós proveríamos nessas áreas menos também. Isso abriu nossos olhos para ver melhor como esta terra estava fluindo com leite e mel, estávamos tão animados para ver as bênçãos que Deus tinha reservadas para nós e para as pessoas nesta Aldeia Islâmica.

Reflexão

Existe algo que Deus possa estar chamando você para fazer? Ele deseja um coração de obediência e quer levá-lo a um lugar que flui com leite e mel. Às vezes, seguir a Deus o tirará da sua zona de conforto para que você possa confiar Nele para tudo. Os israelitas estavam confiando em Deus para atravessar o rio Jordão e Deus quer que andemos com fé e obediência para que Ele possa nos levar a uma terra que flui com leite e mel.

"Em ti, Senhor meu Deus, eu confio."

Salmos 25:1

Dia 12

A Colheita

"A colheita é grande, mas os trabalhadores são poucos." Lucas 10:2

Leitura mais profunda: Lucas 10; 1 Coríntios 3

Você já plantou um jardim? Jardinagem não é fácil. É um trabalho completo que dura do início da primavera até o final do outono. Os primeiros passos ocorrem no início da primavera, quando você tem que arar o solo para prepará-lo para as sementes. Então, você tem que plantar. Isso pode ser um trabalho meticuloso. Durante o verão, você tem que ter certeza de regá-lo e capinar para proteger essas novas plantas. E no outono você tem que se preparar para a colheita. Cada trabalho é muito importante, mas o meu favorito é sempre a colheita. Adoro ver o fruto do trabalho.

Quando seguimos a Deus em obediência e nos mudamos para a aldeia, vimos uma incrível colheita de almas. Lavamos nossas roupas em baldes e tiramos nossa água do poço todos os dias, assim como eles fizeram. Deus te dá o que você precisa para fazer o trabalho que Ele te chamou para fazer. Quando começamos a fazer relacionamentos e conhecer os outros em nossa aldeia que nasceram no Islã, aprendemos que as sementes foram plantadas anos antes, quando outros missionários passaram pela aldeia. Uma das senhoras que eu pude levar a Cristo me disse que, quando ela era garotinha, ela tinha ouvido alguém falar sobre Jesus na cruz, mas ela tinha esperado por anos que alguém voltasse e explicasse para ela. Isso me abriu tanto os olhos sobre haver uma grande colheita, que não há trabalhadores suficientes. Ela esperou mais de dez anos para que alguém explicasse as boas novas de Jesus Cristo para ela. Todos nós temos um trabalho a fazer. Pode ser arando o chão, pode ser plantando sementes ou pode ser para colher a colheita. Uma coisa é certa, precisamos de mais trabalhadores.

Reflexão

Deus nos diz que a colheita é abundante, mas os trabalhadores são poucos. Você já orou e pediu a Deus para te enviar? Talvez você seja necessário para arar, plantar, regar ou para a colheita. Ele precisa de trabalhadores para o Seu jardim; ore para que haja mais trabalhadores para o Seu reino.

"Mas receberão poder quando o Espírito Santo descer sobre vocês, e serão minhas testemunhas em Jerusalém, em toda a Judéia e Samaria, e até os confins da terra".

Atos 1:8

Dia 13

Quando Estou Fraco, Ele É Forte

"Ele fortalece o cansado e dá grande vigor ao que está sem forças". Isaías 40:29

Leitura mais profunda: Isaías 40:29-31

Você já se sentiu tão cansado que sentiu que não poderia continuar? Quando morávamos na China, subíamos diretamente uma montanha em nossa cidade. Eu nunca vi tantas escadas na minha vida! Na metade do caminho, pensei comigo mesmo: " Eu só quero desistir. Eu não posso continuar por mais tempo." Mas algo dentro de mim simplesmente não deixaria minhas pernas pararem de se mover. Consegui perseverar em nossa caminhada e subir ao topo experimentando a vista deslumbrante! Pode ser da mesma maneira em nossa caminhada espiritual com o Senhor. Podemos ficar exaustos em nossa caminhada, mas devemos perseverar.

Nós moramos na aldeia na África Ocidental há meses sem água corrente, eletricidade, doenças diferentes, e a lista continua. Foi nosso último dia na aldeia antes de sairmos para voltar para os Estados Unidos. Eu estava exausta mentalmente, espiritualmente, fisicamente e emocionalmente. Enfiei um garfo em mim, eu terminei. Eu também estava lutando com a dúvida porque não tinha conhecido a mulher que Deus partiu meu coração por alguns anos antes através de uma visão. Eu disse a Deus que o que quer que eu tivesse de fazer, me levasse a essa mulher para que eu possa compartilhar com ela o amor mais incrível que já conheci.

Antes de sairmos, tive uma última oportunidade de compartilhar com um grupo de senhoras. Íriamos exibir um filme sobre Jesus. Eu estava exausto e, como na metade daquela montanha na China, eu estava pronta para jogar a toalha. Eu embaralhei toda a energia que pude e minha filha Taylor e eu fomos à aldeia para compartilhar o evangelho uma última vez.

Depois do filme, havia uma mulher que queria caminhar comigo enquanto eu me aventurava de volta à minha aldeia. Quando estávamos na floresta e não havia ninguém por perto, ela começou a me fazer perguntas sobre o filme. Ela era muçulmana, mas queria saber sobre "meu Jesus". Eu contei a ela sobre Jesus e ela acreditou e orou ali mesmo em sua própria língua para receber Cristo como seu Salvador. Naquele momento, o Espírito Santo disse: Julie, esta é a mulher que você teve a visão há 2 anos, aquela pela qual você estava tão quebrantada e que precisava do evangelho. Olhando para trás nessa experiência, estou tão feliz por não ter desistido. Não foi apenas experiência de mudança de vida para aquela mulher na floresta, foi uma mudança de vida para mim. Isso me revelou que sou fraca. Eu posso depender de sua força para me fazer passar por tudo.

Reflexão

Você já chegou a um ponto em sua jornada espiritual em que está apenas cansado? Você sente que simplesmente não pode continuar? Lembre-se de que, quando somos fracos, Ele é forte. Ore e peça a Deus para ajudá-lo a perseverar.

Triston Collins

Dia 14

Quando Deus Redireciona Nosso Caminho

"Em meu desespero clamei ao Senhor, e ele me respondeu. Do meu ventre da morte gritei por socorro, e ouviste o meu clamor." Jonas 2:1-2

Leitura mais profunda: Jonas 1-4

Deus já redirecionou seu caminho ou lhe disse para fazer algo que você simplesmente não queira fazer? Ele te disse para esperar porque queria que você fizesse outra coisa primeiro? Este é sempre um teste difícil da nossa fé. Como humanos, temos um profundo desejo de estar no controle e fazer as coisas como e quando quisermos. Mas a Bíblia nos ensina continuamente que não temos a habilidade de prever o futuro. Deus tem sabedoria infinita e sabe o que é melhor para nós. A melhor coisa que podemos fazer é sair do caminho e deixar Deus agir.

Quando voltamos do nosso semestre na África Ocidental, tínhamos certeza de que Deus queria que fôssemos direto para o exterior. Sabíamos que era isso que Ele nos chamou para fazer. Ele confirmou isso em Sua palavra, nossos corações, e tivemos total paz de que Deus nos usaria no exterior. Então o impensável aconteceu. Ele fechou a porta e nos disse para fazer algo que não queríamos fazer. Ele queria que a gente plantasse uma igreja na América. Oh, como eu lutei com isso e lamentei como uma morte. Eu queria viver entre pessoas que nunca tiveram a chance de ouvir o evangelho antes. Em vez disso, Deus estava nos dizendo para em um país onde as pessoas tinham todas as chances de ouvir o evangelho, mas repetidamente, eles escolheram rejeitá-lo.

Eu sei o que alguns de vocês estão pensando, especialmente se nunca estiveram no exterior em um grupo de pessoas não alcançadas. Eu entendo que há muitas pessoas perdidas na América, mas elas têm muitas oportunidades de ouvir o evangelho ou procurar alguém que possa compartilhar com elas. Assim como Jonas não queria ir para Nínive, eu definitivamente não queria ficar no sudeste dos Estados Unidos. Eu queria estar em algum lugar onde igrejas e crentes fossem poucos e distantes entre si, mas esse não era o plano de Deus e percebemos que Seu plano sempre seria melhor do que o nosso. Então, o Senhor abriu uma oportunidade para começarmos a plantar nossa igreja no norte dos Estados Unidos. Isso foi difícil, mas nos submetemos e obedecemos, Ele colocou o desejo em nossos corações para plantar a igreja nos Estados Unidos.

Reflexão

Quando Deus redireciona nosso caminho e planeja, isso pode doer. Deus o redirecionou ou lhe disse para fazer algo oposto ao que você queria ou desejava? É honestamente difícil

quando isso acontece, mas devemos entender que Deus nos ama mais do que qualquer coisa ou qualquer pessoa. Ele tem um propósito para nós e devemos apenas nos submeter e ser obedientes. Quando alinhamos nossos corações com Deus, Seus desejos serão nossos desejos. Ore para que Deus lhe mostre onde você deveria estar e que você tenha fé para confiar Nele.

"O Senhor é bom para com aqueles cuja esperança está nele, para com aqueles que o buscam."

Lamentações 3:25

Dia 15

Eu Não Vou Desistir. Eu Vou Perseverar!

"Se Deus é por nós, quem será contra nós?" Romanos 8:31

Leitura mais profunda: Romanos 8:38-39

Alguém já fez algo com você que te feriu tanto que você pensou que nunca se recuperaria? Como cristãos, esperamos ser maltratados, julgados e feridos por aqueles que estão fora da nossa fé, mas às vezes a pior mágoa pode vir de outros cristãos. Isso é o que muitos chamam de "igreja machucada ". A dor da igreja é incrivelmente dolorosa e muitas vezes difícil de superar, mas Deus pode nos dar lições e nos aproximar Dele através de qualquer tipo de circunstância ou situação.

Depois que voltamos da África, meu marido trabalhou como estagiário de uma missão. Durante esse tempo, nossos espíritos ficaram perturbados com algumas das ações que nosso pastor principal estava fazendo. Oramos por muito tempo sobre como abordar a situação com e confiança. Um turbilhão aconteceu depois que meu marido se sentiu levado a falar com ele sobre essas preocupações. A negação do pastor de suas ações levou à rápida difamação de nossa integridade e reputação.

Sabíamos que Deus estava nos chamando para plantar uma igreja na América. Depois de meses de oração, ele nos chamou para outro estado para plantar esta igreja. Fomos para este novo estado confiando que Deus forneceria a visão para a nova planta, trabalho para meu marido e um lar para nós. Enquanto esperávamos que o Senhor nos mostrasse e nos desse visão, trabalhamos com outro plantador de igrejas na área. Nós contamos a ele nossas intenções o tempo todo. Deus também forneceu uma casa e trabalho para o meu marido nos correios. Não foi muito tempo depois de estarmos lá que Deus nos mostrou a cidade onde Ele queria que plantássemos. Seria a cerca de 45 minutos da nossa localização atual e estávamos animados por Deus ter nos dado uma visão tão clara. Então o impensável aconteceu. Fomos informados pelo "plantador de igrejas", que sempre pareceu um pouco inseguro e estava até lutando em sua igreja, que não fomos mais bem-vindos de volta à sua igreja. Nós ficamos tipo, "o que acabou de acontecer?" Descobrimos que "o plantador de igrejas" fez um telefonema para o nosso antigo pastor que acabamos de pegar em mentiras. Antes que soubéssemos, tínhamos mentiras dolorosas e ultrajantes se espalhando sobre nós como um incêndio. Não havia um pingo de verdade para nenhum deles, mas eles estavam se espalhando rapidamente e totalmente fora do nosso controle. O "plantador de igreja" até ligou para as pessoas em nível estadual e nacional dizendo-lhes para não terem nada a ver conosco. Você podia honestamente ver o inimigo tentando parar todos os nossos esforços e nos fazer desistir. A batalha parecia tão severa e eu estava profundamente tão ferida que não queria continuar nesta jornada de seguir ao Senhor.

Lembro-me de estar no chuveiro chorando a Deus que isso era demais e eu simplesmente não podia continuar no ministério. Satanás aparentemente havia vencido e não havia nada que eu pudesse fazer sobre isso. Então Deus rapidamente me lembrou de Romanos 8:38-39. "Porque estou convencido que nem a morte nem a vida, nem os anjos nem o demônios, nem o presente nem o futuro, nem nenhum poder, nem a altura nem a profundidade, nem qualquer outra coisa em toda a criação, será capaz de nos separar ao amor de Deus que está em Cristo Jesus, nosso Senhor." Eu fui condenada pelo fato de que não estava no ministério para mim e nada do que estava fazendo era sobre mim. Eu era Dele, e estava aqui para fazer o Seu trabalho e nenhum poder do homem ou esquema do inimigo poderia me separar de Cristo.

Deus nos deu uma visão da planta da igreja que Ele queria que fizéssemos. Tudo o que tínhamos que fazer então era colocar nossa fé Nele, seguir Sua direção para nossas vidas e deixar de lado todo o resto. Deus nos utilizou para plantar uma igreja com essa visão. Essa igreja levou inúmeras almas a Jesus e está envolvida em Sua missão em todo o mundo. Nem mesmo os piores esquemas dos homens ou de Satanás podem parar a vontade de Deus na vida daqueles que o amam e são chamados de acordo com Seu propósito.

Reflexão

Alguém ou algo te feriu que você pensou que não poderia seguir em frente. Quero encorajá-lo a continuar pressionando quando dói, quando é insuportável. Precisamos nos lembrar de que o que Deus nos chamou a fazer não sobre nós, nosso conforto, o que nos faz felizes ou qualquer glória para nós mesmos. É sobre o nosso desejo de ser mais parecido com

Ele e segui-lo onde quer que isso nos leve. Por outro lado, você consegue pensar em uma época em que foi você que causou a dor? Mesmo que essa mágoa não tenha sido intencional ou malícia, peça a Deus para perdoá-lo e, se possível estenda a mão para aqueles que você pode ter prejudicado. Tentar consertar esse relacionamento e fazer as coisas certas.

"Nisso vocês exultam, ainda que agora, por um pouco de tempo, devam ser entristecidos por todo tipo de provação. Assim acontece para que fique comprovado que a fé que vocês têm, muito mais valiosa do que o outro que perece, mesmo que refinado pelo fogo, é genuína e resultará em louvor, glória e honra, quanto Jesus Cristo for revelado."

1 Pedro 1:6-7

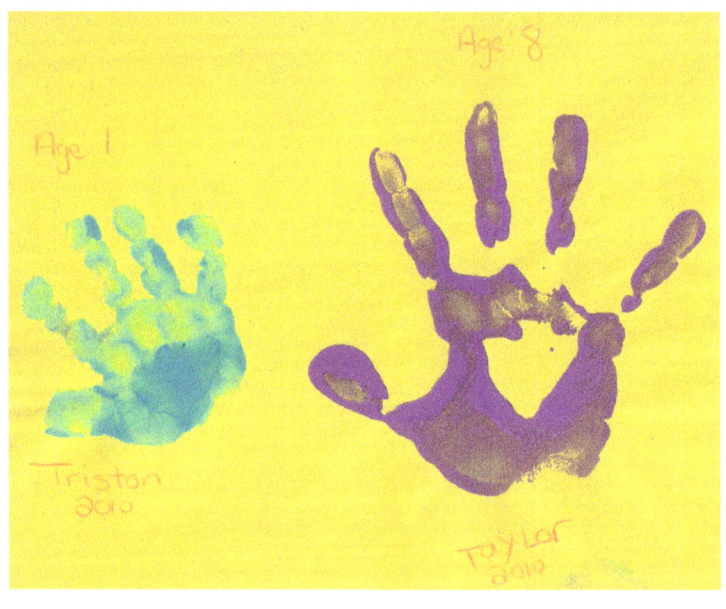

Dia 16

O Deus da Esperança

"Olho nenhum viu, ouvido nenhum ouviu, mente nenhuma imaginou o que Deus preparou para aqueles que o amam". 1 Coríntios 2:9

Leitura mais profunda: Romanos 15:13; Gálatas 6:9

O que vem à sua mente quando você pensa na palavra, esperança? É definido como um sentimento de expectativa e desejo de que uma determinada coisa aconteça. Na terrível "tempestade" que nos trouxe de volta ao Tennessee para plantar a igreja para a qual Deus nos deu a visão, este versículo foi enviado para mim quando eu estava me sentindo completamente sem esperança. "Olho nenhum viu, ouvido nenhum ouviu, mente nenhuma imaginou o que Deus preparou para aqueles que o amam." (1 Coríntios 2:9.)

Enquanto estávamos em Michigan, o Senhor nos deu uma visão para o tipo de igreja que Ele queria que plantássemos. Ele queria que fosse uma igreja de Atos 1:8 e uma igreja que alcançasse os não alcançados. Ele também nos deu uma visão para um prédio no centro da cidade e pudemos até ver o tijolo na parede. Ele queria que este prédio não fosse apenas um lugar onde eles o usassem para conhecê-lo corporativamente, mas que usasse o prédio como um ministério que alcançasse a comunidade. Então, quando começamos a nos reunir em Tennessee, nos encontramos na casa de alguém ou no parque público. Eu não mentir, houve momentos em que pensei como Deus trará essa visão. "Existe algo muito difícil para o SENHOR?"

Dois anos na plantação da igreja, houve muitas lutas e muitas perguntas, mas o Senhor continuou a trabalhar e, antes que soubéssemos, nós estávamos sentados em um prédio no centro da cidade, onde você podia ver o tijolo na parede. Havia um ministério para o qual o prédio foi usado chamado Café Ágape. Era um estilo de cafeteria aberto nas noites de sexta e sábado com bandas cristãs tocando ao vivo. Estávamos alcançando os sem-igreja e os não-alcançados. Meu favorito é que Deus nos levou a um grupo de pessoas não alcançadas nas Filipinas com o qual nossa planta da igreja fez parceria. Até hoje, eles ainda estão indo a esse grupo de pessoas para compartilhar o evangelho. Então, quando me sinto sem esperança ou me pergunto como as coisas vão acontecer, me lembro dessa vez. Sinto em meu coração tanta alegria ao lembrar como Ele tem sido tão fiel.

Reflexão

Quando e se você tiver esses momentos de se sentir sem esperança, lembre-se das coisas que Ele fez e das coisas que Ele tem reservado para aqueles que o amam. Ele é a nossa esperança.

Emily Collins

Dia 17

A Batalha É Real

"Estejam alertas e vigem. O Diabo, o inimigo de vocês, anda ao redor como leão, rugindo e procurando a quem possa devorar." 1 Pedro 5:8

Leitura mais profunda: Efésios 6:10-20

Você percebe que sempre há uma batalha acontecendo entre Deus e seu inimigo? Mesmo neste exato segundo, o bem e o mal estão colidindo, lutando pelas almas das pessoas aqui na terra. Para aqueles que são cristãos, fazemos parte do exército de Deus, mas satanás está sempre tentando causar dor e destruição, até mesmo ao povo de Deus. Isso é especialmente verdadeiro quando começamos a invadir o território inimigo. Enfrentamos muitas batalhas em nossos dias de plantio de igrejas. Você realmente poderia sentir honestamente o inimigo tentando invadir. Ele tentou invadir meu casamento. Ele tentou invadir a vida dos meus filhos, ele tentou invadir nosso ministério. Ele tentou invadir nossa casa. Mas Deus nos diz em Sua palavra que estamos protegidos, desde que estejamos "alerta e de mente sóbria". Durante esses tempos, devemos nos aproximar Dele. Para mim, isso significava que eu ficava muito de joelhos pelo meu marido e pelos meus filhos.

O inimigo já tinha sido duro depois do meu marido, de mim e do nosso personagem antes mesmo de começarmos, mas o inimigo também veio atrás de nossos filhos durante esse tempo. Isso é especialmente assustador para os pais porque nossos filhos são incrivelmente vulneráveis. Para os meus filhos, essa batalha espiritual se manifestou em seu sono. Por alguns meses, todos os meus três filhos continuaram acordando com pesadelos. Nesta noite em particular, cada um deles acordou com coisas diferentes. Um simplesmente não conseguia dormir; um teve um pesadelo; o outro só precisava da mãe para se confortar. Para uma mãe, isso pode ser cansativo. Você sempre acha que as noites sem dormir terminam depois daqueles primeiros anos, mas desta vez na minha vida provou que isso não era verdade. Eu tinha acabado de deitar o mais novo e voltei para a cama, e ouvi meu marido (que nunca fala enquanto dorme), começar a falar essa língua desconhecida com grande autoridade. Eu estaria mentindo se não admitisse que era um pouco preocupante e perturbador, mas me lembro de orar: "por favor, Deus, o deixe-o se lembrar desse sonho". Normalmente, meu marido nunca se lembra de seus sonhos e eu só sabia que hoje à noite não seria diferente. No entanto, não foi cinco minutos depois que ele acordou e disse: "Eu apenas tive o sonho mais louco!" Ele disse: "Eu estava lutando contra demônios fora de nossa casa em nome de Jesus!" Fiquei atordoada e disse a ele como eu também estava lutando contra os demônios da nossa casa, apenas de uma maneira diferente. Depois daquela noite, nossos filhos dormiram muito melhor.

Esta experiência foi um lembrete para mim de que devemos colocar toda a armadura de Deus e estar sempre em alerta e prontos para a batalha, porque Satanás não gosta de nada mais do que romper casamentos e famílias e que ele fará qualquer coisa para interromper nossos ministérios. Lembre-se, ele está passeando como um leão para ver quem ele pode devorar. Temos o poder de Cristo para superar o inimigo. "Vocês, queridos filhos, são de Deus e os venceram, porque aquele que está em você é maior do que aquele que está no mundo." 1 João 4:4

Reflexão

A guerra espiritual é real. Lembre-se, o inimigo tentará de todas as maneiras possíveis devorá-lo. Coloque toda a armadura de Deus e fique firme contra o maligno. Há poder em nome de Jesus.

"O Senhor lutará por vocês; tão somente acalmem-se."

Êxodo 14:14

Dia 18

A Bíblia Rosa

"Alegrem-se sempre. Orem continuamente. Dêem graças em todas as circunstâncias, pois esta é a vontade de Deus para vocês em Cristo Jesus."
1 Tessalonicenses 5:16-18

Leitura mais profunda: Filipenses 4

Você já pensou em algo e isso só traz um sorriso ao seu rosto? Existe um homem nas Filipinas que carrega uma Bíblia rosa que traz esse sorriso ao meu rosto toda vez que penso nele. Nós estávamos em uma viagem missionária pelas Filipinas com nossa nova igreja. Esta é a planta da igreja que Deus nos deu uma visão para sermos uma igreja a Atos 1:8 e, como parte do DNA da igreja, queríamos ter uma parceria com um grupo de pessoas não alcançadas. Tínhamos acabado de lançar nosso primeiro serviço juntos em janeiro e, em fevereiro, estávamos levando um grupo de seis para as Filipinas. Um dia estávamos compartilhando o evangelho e a última casa que chegamos naquele dia foi um homem sentado do lado de fora de sua casa em uma cadeira de plástico quebrada. Trocamos saudações e ele me disse que sempre quis uma Bíblia. Tudo o que eu tinha era minha Bíblia rosa, então a entreguei a ele. Eu compartilhei o evangelho com ele, e ele acreditou. Foi um ótimo momento, e fiquei muito grata pela oportunidade de compartilhar com ele a palavra de Deus.

Avanço rápido cinco anos depois. Uma equipe daquela mesma igreja implantada voltou para as Filipinas em outra viagem missionária. Enquanto eles estavam lá, eles foram para a igreja local no bairro onde eu dei ao homem minha Bíblia rosa. O que ainda me surpreende e traz um sorriso ao meu rosto é que um dos caras disse que ainda tinha sua Bíblia rosa e agora estava envolvido na igreja local.

Reflexão

Às vezes, é fácil nós ficarmos para baixo com todas as coisas negativas acontecendo. Agora, eu quero que você pense em algo que coloca um sorriso no seu rosto. "Finalmente, irmãos tudo o que for verdadeiro, tudo o que for nobre, tudo o que for correto, tudo o que for puro, tudo o que for amável, tudo o que for de boa fama, se houver algo de excelente ou digno de louvor, pensem nessas coisas." Filipenses 4:8

"Que as palavras da minha boca e a meditação do meu coração sejam agradáveis a ti, Senhor, minha Rocha e meu Resgatador."

Salmos 19:14

Dia 19

Perdendo A Sarah Beth

"Bem-aventurados os que choram, pois serão consolados." Mateus 5:4

Leitura mais profunda: Romanos 8:28; Jó 1:21

Perder um filho é o pior pesadelo dos pais. No verão de 2016, experimentei o que nenhuma mãe quer experimentar: dar à luz e planejar um funeral no mesmo dia.

Nós tínhamos orado pelo nosso quarto filho por cinco anos. Uma das orações que oramos por nosso filho, é que ele seria uma criança que levaria o evangelho aos confins da terra. Estávamos todos animados com a chegada dela e, enquanto orávamos pelo nome dela, Deus falou através do meu filho. Ele se sentou pela manhã para tomar café da manhã e disse que deveríamos chamá-la de Sarah Beth. Todos nós sentimos em nossos corações que este era o nome que Deus queria que a nomeássemos. Era o nome perfeito para ela. Não muito tempo depois disso, Deus me deu um belo sonho uma noite com seu lindo rosto. Ela era linda e parecia angelical. Eu disse ao meu marido que estamos em apuros porque essa criança ia ser linda. Na manhã de 30 de junho de 2016, fui fazer apenas um check-up de rotina. Matt ficou em casa com as outras crianças naquela manhã para que eu pudesse ir ao médico. Enquanto eu estava deitada lá na mesa de exame para ouvir os batimentos cardíacos dela, eles não conseguiram encontrar um batimento. Eu estava com 28 semanas. Eu me senti paralisada. Eu nem conseguia pensar, e com lágrimas escorrendo pelo rosto, cheguei em casa para contar à minha família.

Naquela tarde, fui ao hospital dar à luz meu filho que já tinha ido embora. Quando eu a segurei em meus braços, o rosto dela não era como eu queria me lembrar. Então me lembrei do sonho que o Senhor me deu sobre ver o rosto dela. Eu ainda posso imaginar isso claramente na minha cabeça até hoje. Ela era linda.

O dia do seu funeral chegou e eu perguntei especificamente ao Senhor se ele me confortaria através de Sua criação da maneira que fez quando meu pai faleceu. Após o funeral, meu marido e eu nos sentamos na varanda da frente. Quando olhamos para o céu, havia um arco-íris que eu sabia que era só para mim. A maneira como Ele nos ama nunca deixa de me surpreender.

Meses após sua morte, Deus colocou em nossos corações para começar uma bolsa de estudos em homenagem a ela. A bolsa de estudos financiaria a primeira viagem missionária internacional de alguém. Sua preciosa vida curta impactou pessoas em todo o mundo com o evangelho.

Reflexão

Perder minha filha foi uma das coisas mais difíceis que eu já tive que passar. Quando choramos, Ele nos conforta como ninguém mais pode. Eu oro para que, se você perdeu alguém, se agarre a Ele e sinta Seu incrível amor e conforto ao seu redor.

Dia 20

Deus É Suficiente?

"Considerem motivo de grande alegria o fato de passarem por diversas provações, pois vocês sabem que a prova da sua fé produz perseverança."
Tiago 1:2-3

Leitura mais profunda: Tiago 1; 1 João 3-4

Deus é suficiente para mim? É uma pergunta que me fiz no verão de 2016. É fácil dizer sim quando tudo está indo bem, mas e quando você enfrenta provações de todo tipo?

Pela primeira vez na minha vida, eu estava brava com Deus e o culpei pela minha miséria. Eu olhei para Deus como se Ele fosse algum tipo de vilão de um filme da Disney. Eu continuei ouvindo a frase, Deus é amor, Deus é amor, Deus é amor repetido na minha mente repentinamente. Eu estava lutando para olhar para Deus como um Deus amoroso. Eu estava culpando Ele por levar meu pai, minha filha e todas as provações que encontramos ao segui-lo. Na verdade, amaldiçoei a Deus pela primeira vez, mas me arrependi imediatamente. Essa voz continuava vindo várias vezes. Julie, eu sou amor! Então, eu finalmente tive que fazer a pergunta a mim mesma, Deus é suficiente para mim no mundo? Quando eu passar pelo meu pior pesadelo aqui na terra, Ele será o suficiente para mim? O Espírito me lembrou enquanto eu estava orando e lendo em Sua palavra que Deus é suficiente para mim e Ele me ama mais do que absolutamente qualquer um. Ele é meu amor, redentor, consolador, protetor, provedor, conselheiro, professor e o amor mais incrível que eu já encontrei. Ele é Suficiente!

Reflexão

Deus nunca prometeu que seria fácil segui-lo. Nós vamos enfrentar provações de muitos tipos, mas essas provações nos farão crescer e há um Deus amoroso que estará ali caminhando a jornada conosco. Ele é o suficiente! Ele é amor. "Filhinhos, vocês são de Deus e os venceram, porque aquele que está em vocês é maior do que aquele que está no mundo." 1 João 4:4

"Ele disse: Em meu desespero clamei ao Senhor, e ele me respondeu. Do ventre da morte gritei por socorro, e ouviste o meu clamor."

Jonas 2:2

Julie Collins

Dia 21

A Cura De Tudo

"A oração de um justo é poderosa e eficaz." Tiago 5:16

Leitura mais profunda: Tiago 5; 1 Pedro 5:10

Eu preciso de cura! Muitas vezes, quando pensamos em cura, pensamos em nossos corpos físicos que precisam ser curados. Foram três semanas após o funeral de nossa filha e meu marido estava ensinando através de Tiago capítulo 5, e eu percebi que estava doente não fisicamente, mas espiritualmente. Eu precisava de alguém para orar por mim. Eu sempre vou ao meu marido em momentos como este, mas neste momento, ele também estava quebrado. Comecei a orar para que alguém orasse por mim, para que eu pudesse ser restaurada. Cerca de uma semana depois que comecei a orar, recebi um telefonema de uma mulher maravilhosa na fé que me convidou para ir a uma conferência de líderes feminina com ela. Quando chegamos lá, precisávamos escolher as diferentes sessões de intervalo para ir. Uma das sessões que escolhemos foi uma especificamente para as esposas dos pastores. Quando entramos, meu espírito foi imediatamente atraído pelo orador. Ela pediu a todos que compartilhassem suas histórias, e eu me sentei lá. Não tinha como eu querer compartilhar minha história. Cerca de três outras senhoras tinham ido e então o palestrante olhou para mim e disse: "Eu quero ouvir sua história". Eu estava pensando, "meu Deus, aqui vai. Acho que essas senhoras estão prontas para ouvir tudo o que tenho a dizer porque estou quebrada?

Tudo saiu gaguejando. Quando compartilhei minha história, o palestrante também experimentou algumas das mesmas dificuldades no ministério. Então eu cheguei na parte sobre perder minha filha; ela também havia perdido uma filha exatamente da mesma maneira. Aquela mulher tinha feito uma jornada como a minha antes de mim e sabia como levar ao meu coração. Havia cerca de dez outras esposas de pastores naquela sala naquele dia oraram por mim. Deus deu a essa mulher palavras poderosas para orar por mim para que ninguém pudesse orar a menos que tivesse andado em alguns dos meus sapatos antes de mim. Eu podia sentir meu espírito começando a se curar enquanto eles colocavam as mãos em mim e oravam.

Reflexão

Haverá momentos em que você estará quebrado e espiritualmente doente. Você vai precisar de alguém para colocar as mãos em você e orar. Quando essa hora chegar, procure alguém que seja mais forte na fé do que você e faça com que eles orem por você.

Taylor Collins Schnitzler

Dia 22

Um Tempo Para Descansar

"Venham a mim, todos vocês que estão cansados de carregar as suas pesadas cargas, e eu lhes darei descanso." Mateus 11:28

Leitura mais profunda: Êxodo 20:8-10; 33:12-14

Vivemos em um mundo de ritmo tão rápido que realmente não temos tempo para descansar. Estamos constantemente correndo para funções escolares, reuniões, práticas esportivas e jogos, etc. Antes de percebermos, não tomamos nenhum momento para relaxar e experimentamos esgotamento e exaustão. Deus criou o dia de sábado para nosso benefício e o fez parte dos dez mandamentos. Ele sabia que precisávamos descansar do nosso trabalho. Ele criou o mundo em seis dias e tirou o sétimo dia para descansar. Ele nos deu um exemplo.

Depois de nossas tempestades no nosso ministério, o trabalho árduo de plantar igrejas e perder nossa filha, Deus sabia que precisávamos de um tempo de descanso. Deus nos deu um ano sabático. Ainda estávamos servindo, mas meu marido tinha uma posição de ministério em tempo integral como pastor de adoração e não como pastor principal. Meu marido e eu amamos a praia; é um lugar de cura para nós. Eu cresci indo à praia todos os anos quando criança de férias, então isso sempre traz de volta doces lembranças para mim. Então, Deus nos deu um ano sabático na Flórida perto da praia. Passamos tantas noites caminhando pela costa ao pôr do sol, fazendo piqueniques, dias de praia, e meu marido encontrou um novo amor pela pesca de peixes de água salgada. Era uma época em que podíamos descansar e respirar. Sou muito grata por Deus saber que precisávamos deste ano sabático.

Reflexão

Você está precisando de um tempo de descanso? Deus nos deu esse comando para nosso benefício. Precisamos tirar os sábados em nossas vidas. Lembre-se, Deus criou o dia de sábado para nós. Precisaremos descansar, então estaremos sempre prontos para a próxima tarefa.

"Pois, que vantagem há em suportar açoites recebidos por terem cometido o mal? Mas se vocês suportam o sofrimento por terem feito o bem, isso é louvável diante de Deus. Para isso vocês foram chamados, pois também Cristo sofreu no lugar de vocês, deixando-lhes exemplo, para que sigam os seus passos."

1 Pedro 2:20-21

Julie Collins

Dia 23

Eu Preciso Que Você Me Siga

"Se alguém quer ser meu seguidor, esqueça os seus próprios interesses, esteja pronto para morrer como eu vou morrer e me acompanhe. Pois quem põe os seus próprios interesses em primeiro lugar nunca terá a vida verdadeira; mas quem esquece a si mesmo por minha causa terá a vida verdadeira." Mateus 16:24-25

Leitura mais profunda: Josué 3; Deuteronômio 28:1-14; Marcos

Você acha que Deus faria você entregar tudo para seguir Ele? Você estaria disposto a desistir de tudo: seu trabalho, sua casa, seus pertences, sua riqueza? Essas palavras seguintes penetraram no meu coração repetidamente enquanto Deus preparava meu coração segui-Lo. "Quem quiser ser meu discípulo negue-se a si mesmo, tome a sua cruz e siga-me." (Mateus 16:24-25)

Nosso tempo de descanso acabou e Deus estava nos dizendo que era hora da nossa próxima tarefa. Nós sabíamos que Ele queria que continuássemos a nos preparar para o nosso chamado em missões. Sabíamos que íamos ter que continuar nossa educação bíblica. As perguntas que fizemos foram, como e onde? Tínhamos acabado de comprar uma casa nova, a posição do ministério era fácil e adoramos morar perto da praia. O Senhor pediu ao meu marido que renunciasse ao seu cargo sem outro emprego em mente e disse-lhe para obter seu mestrado. (Estávamos pensando, como no mundo devemos pagar por isso?) Ele queria que eu trabalhasse na minha educação bíblica também.

"Sem fé, é impossível agradar a Deus" (Hebreus 11:6). Sentimos Ele nos dizendo para entregar nosso trabalho, casa e tudo mais e andar com fé e confiar Nele. Nós nos rendemos e nos mudamos para Kentucky para eu trabalhar na minha educação bíblica. Ainda não fazíamos ideia de um emprego para Matt, só sabíamos que Deus lhe disse para fazer o mestrado. Meu marido recebe por incapacidade relacionada ao serviço e ele tinha acabado de receber 20% por causa de seus joelhos. Ele não tinha ideia sobre isso quando se demitiu, mas descobriu algumas semanas mais tarde que havia um programa que pagaria o seu mestrado porque ele tinha 20% de deficiência, mas para que funcionasse, ele tinha que estar desempregado. Eles não apenas pagaram pelo diploma dele,

49

mas nos deram dinheiro para viver enquanto ele estava na escola. É incrível quando você anda em obediência e fé, as coisas que Deus faz. Eu não sei porque eu ainda duvido. Em Josué versículo 3, fala sobre como Deus vai antes de você; nós precisamos estar prontos para segui-lo. Ele definitivamente tinha ido antes de nós e preparado o caminho.

Reflexão

Se Deus lhe pedir para pegar a sua cruz e segui-lo, você iria? Não há nada fácil sobre a cruz, e Ele disse que não podemos ser Seu discípulo a menos que nos neguemos e peguemos a cruz e o sigamos. Ele pode não pedir que você saia de sua casa ou desista do seu emprego, mas Ele poderia e você estaria disposto?

"E quem não toma a sua cruz, e não segue após mim, não é digno de mim."

Mateus 10:38

Dia 24

Deus A Ama Mais

"Mantenham o pensamento nas coisas do alto, e não nas coisas terrenas. Pois vocês morreram, e agora a sua vida está escondida com Cristo em Deus." Colossenses 3:2-3

Leitura mais profunda: Mateus 2

É difícil pensar em alguém que ama seu filho mais do que você. Achamos que sabemos o que é melhor para eles e o que eles precisam melhor do que ninguém. Há alguém que ama seu filho mais do que você e esse é Deus. Quando Deus nos pediu para nos rendermos para fazer uma jornada com Ele enquanto estávamos na Flórida, nossa filha mais velha tinha dezesseis anos. Ela amava a escola cristã para a qual ia e realmente não queria se mudar, embora espiritualmente, ela não estivesse indo bem. Eu sabia para onde estávamos indo que ela teria que voltar para a educação em casa. Lembro-me de pensar, ela não terá uma formatura do ensino médio. Eu não posso fazer isso com ela. O Senhor disse: "Julie, você está pensando em coisas terrenas e eu preciso que você tenha uma mentalidade de reino." Eu estava orando para que ela estivesse cercada por seguidores Dele e pessoas que estavam perseguindo Ele em obediência.

No livro de Mateus, o Senhor falou com José e lhe disse para escapar e levar Jesus ao Egito para protege-lo de Herodes, porque Herodes tentaria destruí-lo. O inimigo também tem um plano para seus filhos. Deus sabia o que Taylor precisava e eu só precisava confiar que Ele a amava mais e sabia o que era melhor para ela. Ele me fez levá-la a uma Faculdade Bíblica enquanto eu continuava a minha educação bíblica. A faculdade é para pessoas que foram chamadas para servir no ministério. Ela fez muito bons amigos com algumas pessoas que foram vendidas a Cristo e queriam segui-lo em obediência e estavam lá treinando para o ministério. Um desses amigos acabou se tornando seu marido e ela também entregou sua vida a Cristo.

Reflexão

Às vezes, achamos que sabemos o que é melhor para nossos filhos e o que eles precisam. A verdade é que Deus ama mais seus filhos. Estamos criando-os para Ele. Precisamos confiar Nele com eles e ser obedientes ao que quer que ele nos diga para fazer. Precisamos estar dispostos a levá-los ao Egito se o Senhor precisar de nós.

"E todos os que tiverem deixado casas, irmãos, irmãs, pai, mãe, filhos ou campos, por minha causa, receberão cem vezes mais e herdarão a vida eterna."

Mateus 19:29

Dia 25

Intercedendo

"...Mas ouve a oração dos justos." Provérbios 15:29

Leitura mais profunda: Gênesis 18-19; João 17; Filipenses 4:6

Você já teve alguém intervindo e te ajudando quando você não conseguia se ajudar? Você pensou, eu posso descobrir e realmente não preciso de ajuda. Talvez façamos isso porque não queremos sobrecarregar ninguém nos ajudando ou talvez façamos isso porque achamos que não precisamos de ajuda. Depois de cada nascimento dos meus filhos, minha mãe viria e ficaria conosco por uma semana. Ela se levantava com o bebê no meio da noite e nos deixava dormir. Ela cozinhava, limpava e lavava a roupa. Eu nem sabia que precisava disso, mas depois que a nossa primeira criança chegou, fiquei eternamente grata. Às vezes, precisamos de pessoas intercedendo e orando por nós quando nem percebemos que precisamos disso.

Em Gênesis versículo 18 & 19, Abraão está implorando a Deus sobre a cidade perversa de Sodoma. Abraão perguntou a Deus se ele encontrou pessoas justas lá, por favor, não destruiria a cidade. Ele sabia que seu sobrinho Ló estava morando lá naquela cidade perversa que o corrompeu e queria que Deus o resgatasse. É uma bela história de Abraão intercedendo e falando com Deus quando Ló não estava em um lugar onde ele provavelmente estava até falando com Deus. Posso me identificar com Ló. Na minha adolescência, escolhi viver uma vida que não era de seguir a Deus, mas o oposto. Sou grata por ter tido uma mãe orando por mim quando eu estava em rebelião contra o Senhor durante a minha adolescência. Ela estava orando para que Deus me resgatasse. Assim como o Senhor resgatou Ló, Ele também me resgatou porque eu tinha alguém intercedendo e orando em meu nome.

Reflexão

A história de Abraão orando por Ló é uma das mais belas demonstrações de oração de intercessão. Se há alguém que você conhece que precisa ser resgatado do pecado que está, oro para que você interceda por eles. "Ele ouve as orações dos justos." Provérbios 15:29

Dia 26

Seja Forte E Corajoso

"Seja forte e corajoso! Não fique desanimado, nem tenha medo, porque eu, o Senhor, seu Deus, estarei com você em qualquer lugar para onde você for!" Josué 1:9

Leitura mais profunda: Salmos 112:7; Mateus 14:27; Provérbios 15:29; Salmos 50:15

Apenas todo mundo tem algum tipo de medo de alguma coisa. Para mim, tenho medo de ratos e cobras. Nem todo mundo tem esse medo, mas para mim eles me fazem ficar em cima de móveis se eu ver um rato correndo pela sala de estar. Se eu vejo uma cobra, geralmente empurro meu marido para cima dela porque estou com tanto medo, o que o deixa tão bravo porque ele também tem medo deles. Somos uma ótima equipe quando se trata de cobras, ambos estamos correndo na direção oposta. Então, todos nós temos medos diferentes, mas oro para nunca deixar que meu medo me impeça de ser obediente a seguir a Deus.

Deus, tinha acabado de dizer à nossa família para ir a uma terra para viver onde não conhecíamos ninguém. Era um lugar onde os cristãos são extremamente perseguidos e é ilegal ir como missionários. Repetidamente no meu espírito, Ele me disse para ser forte e corajosa. Fomos obedientes e fomos para este país estrangeiro. Duas semanas depois de estar neste país estranho onde não conhecíamos absolutamente ninguém, não conseguíamos falar a língua ou nem conseguíamos chamar um táxi, nossa filha mais nova, Emily, caiu com febre e fortes dores nas pernas. Quando a febre dela não passou, tivemos que encontrar um médico. Encontramos uma médica que tinha um tradutor e ela nos enviou para um hospital público chinês. Estávamos usando nossos telefones para nos ajudar a traduzir. Também não tínhamos seguro internacional, então tivemos que pagar em dinheiro antecipadamente pelo hospital, médicos, trabalho de laboratório e todos os outros testes. Depois de uma semana no hospital, eles nos mandaram para casa e disseram que a febre dela deveria desaparecer. A febre e a dor nas pernas persistiram, então encontramos outro médico. Eles fizeram mais testes e nos disseram para nos prepararmos para o pior. A palavra câncer entrou em nosso vocabulário.

Então, aqui estamos em um país estranho com a sensação esmagadora de choque cultural extremo e agora nossa filha pode ter câncer. As palavras, "Eu sinto como se alguém tivesse me socado no intestino!" Veio da boca do meu marido. Eu me senti sem esperança e então as palavras "Tome coragem! Sou eu. Não tenha medo." (Mateus 14:27) veio de Sua palavra que encheu meu coração com uma paz nesta tempestade. Eles nos mandaram para mais um hospital especializado em crianças. Estivemos lá por mais uma semana, mas comecei a perceber que minha criança estava começando a se sentir melhor. Uma manhã, um grupo de cerca de 15 médicos entrou em nossa sala para falar sobre os resultados do exame de sangue e outros testes. Eles disseram: "não podemos explicar isso, mas todos os exames de sangue dela são normais". Eles não conseguiam entender, mas eu sabia que meu Deus a havia curado!

Reflexão

Sempre haverá algo que tememos, mas se Deus nos pedir para fazer algo, só precisamos obedecer e confiar Nele. Ele pode acalmar a tempestade.

"Lembre da minha ordem: "Seja forte e corajoso! Não fique desanimado, nem tenha medo, porque eu, o Senhor, seu Deus, estarei com você em qualquer lugar para onde você for!"

Josué 1:9

Dia 27

Aprendendo A Amar As Pessoas

"Eu lhes dou este novo mandamento: amem uns aos outros. Assim como eu os amei, amem também uns aos outros. Se tiverem amor uns pelos outros, todos saberão que vocês são meus discípulos." João 13: 34-35

Leitura mais profunda: 1 Coríntios 13

Eu sou a única que luta para amar pessoas que são más, especialmente com meu marido ou filhos? Esta é provavelmente uma das coisas mais difíceis para mim fazer é amar alguém que me machucou, meu marido ou meus filhos.

Durante o tempo bíblico da nossa família, estávamos memorizando 1 Coríntios versículo 13 como uma família. Enquanto meditamos naquele verso dias após dia, Deus disse: "Julie, você tem um problema de amor". Essas palavras eram difíceis de ouvir, mas eu sabia que eram verdadeiras. Eu sou o tipo de pessoa que pode descartar as pessoas ou afastá-las facilmente se eu sentir que elas me fizeram mal ou se machucaram a mim ou à minha família. No entanto Deus me convenceu de que, em vez disso, eu devo perdoar esses indivíduos. O que eu aprendi, porém, é que isso não significa que temos que tê-los para jantar e jogar jogos de tabuleiro juntos. Temos permissão para criar limites em nossas vidas como um meio de proteger a nós mesmos e nossas famílias. Eu sou um trabalho em andamento com isso, mas Deus nos diz para orar por nossos inimigos e abençoar aqueles que perseguem você.

Havia uma senhora que causou muita dor à minha família e disse coisas terríveis sobre a minha família. Eu tinha ódio no meu coração por ela. Eu sabia que esse ódio estava afetando meu relacionamento com o Senhor. Eu pedi a Deus para me ajudar a amá-la e vê-la do jeito que Ele a ama. Duas semanas se passaram depois que eu orei essa oração, e eu a vi no jogo de softball do meu filho naquela noite. Nada em nossas circunstâncias havia mudado, mas meu coração em relação a ela mudou. Consegui caminhar até ela, abraçar o pescoço dela e dizer a ela que a amava. Só Deus pode colocar esse tipo de amor no meu coração por alguém que eu não gosto. "Meus filhinhos, o nosso amor não deve ser somente de palavras e de conversa. Deve ser um amor verdadeiro, que se mostra por meio de ações." (1 João 3:18)

Reflexão

Você tem algum problema de amor? Peça a Deus para pesquisar seu coração e ajudá-lo a amar aqueles que não são amáveis. Ele pode e Ele vai. "Amem os seus inimigos e façam o bem para eles. Emprestem e não esperem receber de volta o que emprestaram e assim vocês terão uma grande recompensa e serão filhos do Deus Altíssimo. Façam isso porque ele é bom também para os ingratos e maus. Tenham misericórdia dos outros, assim como o Pai de vocês tem misericórdia de vocês." (Lucas 6:35-36)

Noah built the Ark.
GOD sent a rainbow
as a promise never
to flood the Earth.

Emily Collins

Dia 28

Ouvindo Ele

"O Senhor Deus é amigo daqueles que o temem e lhes ensina as condições da aliança que fez com eles." Salmos 25:14

Leitura mais profunda: João 5:30; Salmos 32:8; Hebreus 13:20-21

Você já lutou para saber se ouviu ou não o Senhor claramente? Acho que se fomos todos honestos, todos teremos ouvido essas palavras: "Deus realmente disse isso?" "Ele não pediria para você fazer isso". "Você não é boa o suficiente para fazer isso". Estas são mentiras diretamente do poço do inferno. Se Deus está falando com você sobre algo, isso se alinha com Sua palavra e não contradiz Seu caráter.

No outono de 2011, eu estava varrendo o meu chão na casa pastoral da igreja em que estávamos morando. Eu ouvi Deus me dizer tão claramente em meu espírito que Ele queria que eu fizesse algo pelas mulheres. Por mais de dez anos eu orei, procurei, esperei, duvidei, fui desencorajada e até fiz a pergunta. "Ele sequer me pediu para fazer isso". Avanço rápido para a primavera de 2021. Eu continuei ouvindo a palavra "renúncia". Eu pensei, Deus, o que você está me pedindo para me render? Eu mantive diários nos últimos 10 anos que incluíram minha jornada com o Senhor. São minhas orações derramadas a Ele, a escritura que cativou meu coração e como ele falou.

Enquanto eu continuava orando e buscá-lo, tornou-se óbvio que ele estava me pedindo para render para escrever minha jornada para Ele. É o seguinte, eu não sou escritora. É provavelmente uma das coisas mais fracas sobre mim. Mas, não é exatamente isso que Ele quer usar os fracos para que Ele possa obter a glória por tudo isso? Eu disse: "Oh Senhor, eu não posso fazer isso." Através de um Estudo Bíblico que eu estava fazendo na época por Priscilla Shrier, Ele deixou claro pra mim que me chamou para fazer isto. Ele me disse que caminharia comigo, me equiparia e colocaria as pessoas no meu caminho. Meu trabalho é apenas ser obediente.

Reflexão

Você já lutou para ouvir a voz de Deus? Não dê ouvidos às mentiras do inimigo. Quando Deus estiver falando com você, você será capaz de dizer, desde que se alinhe com as escrituras, apenas faça isso e não atrase. Ele vai andar com você.

"Peço que todas as manhãs tu me fales do teu amor, pois em ti eu tenho posto a minha confiança. As minhas orações sobem a ti; mostra-me o caminho que devo seguir!"

Salmos 143:8

Dia 29

Quanto Tempo Vou Ficar Na Prisão?

"E agora, que a glória seja dada a Deus, o qual, por meio do seu poder que age em nós, pode fazer muito mais do que nós pedimos ou até pensamos! Glória a Deus por meio da Igreja e por meio de Cristo Jesus, por todos os tempos e para todo o sempre! Amém." Efésios 3:20-21

Leitura mais profunda: Gênesis 37:41

Quanto tempo ficarei na prisão para o meu chamado? Essa pergunta continuava voltando para mim. Eu sabia que Deus havia nos dito que queria que a gente estivesse no exterior. Deus nos deu uma igreja maravilhosa para o meu marido pastorear quando evacuamos a China devido à pandemia em 2020. Eu simplesmente não pude deixar de sentir que estava sentada na prisão para o que Deus nos chamou para fazer: Quanto tempo mais? Pensei na história de José e em como Deus lhe deu um sonho quando ele era jovem de que seus irmãos se curvaram a ele. Então ele foi traído por seus irmãos, vendido como escravo e depois enviado para a prisão. Tenho certeza de que ele também pensou, quanto tempo ficarei na prisão antes que Deus me mostre o que eu sei que Ele me chamou para fazer. Eu também pensei em Paulo e, enquanto ele estava na prisão, ele escreveu a maior parte do Novo Testamento.

Enquanto eu estava na prisão para o meu chamado, Deus me fez escrever minha jornada. Se eu não tivesse esse tempo na prisão, não teria tido a oportunidade de anotar minha jornada.

Reflexão

Você se sente como se estivesse na prisão? Há momentos em que todos nós nos sentimos assim. Assim como Deus estava com José e com Paulo, ele está lá com você também. Ele conhece os planos que tem para nós. Devemos confiar em Seu amor por nós para que Ele resolva tudo para o bem, para aqueles que amam o Senhor. Ele pode precisar que fiquemos na prisão por um tempo para que ele possa cumprir Sua vontade. Menos de mim e mais Dele.

*"Confie no Senhor. Tenha fé e coragem.
Confie em Deus, o Senhor."*

Salmos 27:14

Dia 30

As Peças Do Quebra-Cabeça Se Juntando

"Só eu conheço os planos que tenho para vocês: prosperidade e não desgraça e um futuro cheio de esperança. Sou eu, o Senhor, quem está falando."
Jeremias 29:11

Leitura mais profunda: Isaías 42:6-7; João 13:7

Você já se perguntou como Deus usará tudo o que você passou? Como ele vai juntar todas as peças do quebra-cabeça? Nós desejamos estar presentes no exterior desde que sentimos Deus nos chamando para o ministério em 2007. O Senhor nos fez pastorear igrejas, plantar igrejas e até mesmo servir como pastor de adoração e pastor de missão no continente Estados Unidos. Deus nos usou como missionários semestrais algumas vezes, mas sempre desejamos que fosse permanente. Para os outros, nós sempre parecíamos descontentes, mas esse anseio não desapareceria para esta no exterior.

Então, depois de quinze anos de perguntas, as peças do quebra-cabeça começaram a se unir. Sabíamos que Deus estava nos dizendo que era hora e que Ele nos queria no exterior. Seria em uma ilha do outro lado do mundo. Isso poderia realmente acontecer? Todas essas pequenas coisas que Deus nos daria ao longo do caminho, como, "Eu quero você no exterior", "Eu quero que você esteja na ilha", "Eu quero que você trabalhe com mulheres", todas essas peças do quebra-cabeça foram reunidas em questão de meses. A coisa que estávamos esperando, sonhando e sendo chamados estava finalmente acontecendo. Nós finalmente iríamos estar no exterior.

Reflexão

Você já se perguntou como Deus vai juntar tudo? Você se pergunta como isso vai funcionar? Tenho certeza de que todos nós temos essas perguntas. Uma coisa que eu sei é verdade, é que Seu amor por nós é eterno e enquanto o seguimos em obediência para fazer Sua vontade, nossos desejos serão Seus desejos. Ele nos dará os desejos do nosso coração.

Dia 31

Lembrando O Que Deus Fez

"Ó Senhor Deus, eu lembrarei dos teus feitos maravilhosos! Recordarei as maravilhas que fizeste no passado." Salmos 77:11

Leitura mais profunda: Filipenses 4:4-9

Quando você pensa nas coisas que Deus fez por você, o que vem à sua mente? Quando os pastores tinham acabado de visitar Jesus depois que ele nasceu, Mariza valorizava todas essas coisas em seu coração e ponderava sobre elas. Ela tinha visto Deus fazer coisas incríveis, como engravidar do filho de Deus enquanto era virgem, ter um anjo falando com ela, e os pastores lhe contaram sobre o que Deus lhes havia mostrado e onde encontrar Jesus. Ela queria se lembrar de todas essas coisas em seu coração. Quando penso em tudo o que Deus fez por mim, isso me enche de tanta alegria e me faz louvá-Lo. Há momentos em que quero me debruçar sobre o mal, mas me lembro deste versículo: "Por último, meus irmãos, encham a mente de vocês com tudo o que é bom e merece elogios, isto é, tudo o que é verdadeiro, digno, correto, puro, agradável e decente." (Filipenses 4:8-9).

Quando olho para trás na minha caminhada com Jesus até agora, ainda me lembro das rejeições, perda, traição, isolamento e outras mágoas, mas quando olho e vejo como Deus me trouxe através dessas coisas e como Ele andou ao meu lado, jogo minhas mãos para cima em louvor e temor a Ele. Então, por exemplo, quando olho para trás e me lembro das coisas que Deus fez por mim, penso Nele me resgatando dos meus pecados, me dando presentes quando eu não os merecia, me levando para lugares isolados para que eu pudesse ouvi-lo, trazer cura para mim quando eu estava quebrada, quebrantar meu coração pelas pessoas, me levando até elas do outro lado do mundo, curando minha filha, caminhando ao meu lado quando me sentia tão rejeitada pelos os outros e vendo meus filhos entregarem suas vidas a Ele. Estas são apenas alguns tesouros ao longo dos anos que eu quero armazenar e lembrar de todas as coisas que Ele fez.

Reflexão

Quais são os tesouros que você quer guardar em seu coração? Eu oro quando você se lembrar de todas as coisas maravilhosas que Deus fez por você para que isso faça com que você elogie Ele e conte aos outros sobre as coisas que Ele fez.

"Portanto, ponham em primeiro lugar na sua vida o Reino de Deus e aquilo que Deus quer, e ele lhes dará todas essas coisas."

Mateus 6:33

"Há Muito que o Senhor me apareceu, dizendo:

"Porquanto com

Amor eterno;

Te amei, por isso com

Benignidade te atraí."

Jeremias 31:3